박수현 글·그림

홍익대 미술대학 회화과를 졸업하고 현재 어린이를 위한 책을 기획하며 글을 쓰고, 프리랜서 일러스트레이터로 활동하고 있다. 제16회 유네스코 노마 콩쿠르에서 수상하였고, 제1회 CJ 그림책 축제에서 그림책 일러스트레이터로 선정되었다. 지은 책으로 어린이 교양서 《잘생긴 명화 못생긴 명화》, 《미술관에 간 역사 박물관에 간 명화》와 창작 그림책 〈걸작의 탄생〉 시리즈, 《세상에서 가장 큰 스케치북》, 《광화문 해치의 모험》, 《아빠가 작아졌어요》, 《지구본 세계 여행》, 《막동아, 금강산 가자스라》, 《막동아, 한강에 배 띄워라》 등이 있다.

걸작의 탄생 14

천재 건축가 가우디의 역작, 사그라다 파밀리아 성당

ⓒ박수현, 2023

펴낸날 1판 1쇄 2023년 9월 14일 인쇄 2023년 9월 27일 발행
글·그림 박수현
펴낸이 문상수 **펴낸곳** 국민서관㈜ **출판등록** 제406-1997-000003호
본부장 목선철 **책임편집** 금혜린 **편집** 고은비, 민가진 **디자인** 이성호, 박성은
마케팅 조병준, 한혜원, 박민주 **제작** 윤여동
주소 (10881) 경기도 파주시 광인사길 63 국민서관㈜
전화 070)4330-7866 **팩스** 070)4850-9062
인스타그램 @kookminbooks **페이스북** http://www.facebook.com/kookminbooks
카페 http://cafe.naver.com/kmbooks **포스트** http://post.naver.com/kookminbooks
ISBN 978-89-11-13059-7 74810 / 978-89-11-12446-6 (세트) **값** 15,000원

* 잘못된 책은 구입하신 곳에서 바꿔 드립니다.
* 이 책의 일부를 재사용하려면 반드시 국민서관㈜의 동의를 얻어야 합니다.

국민서관 SNS

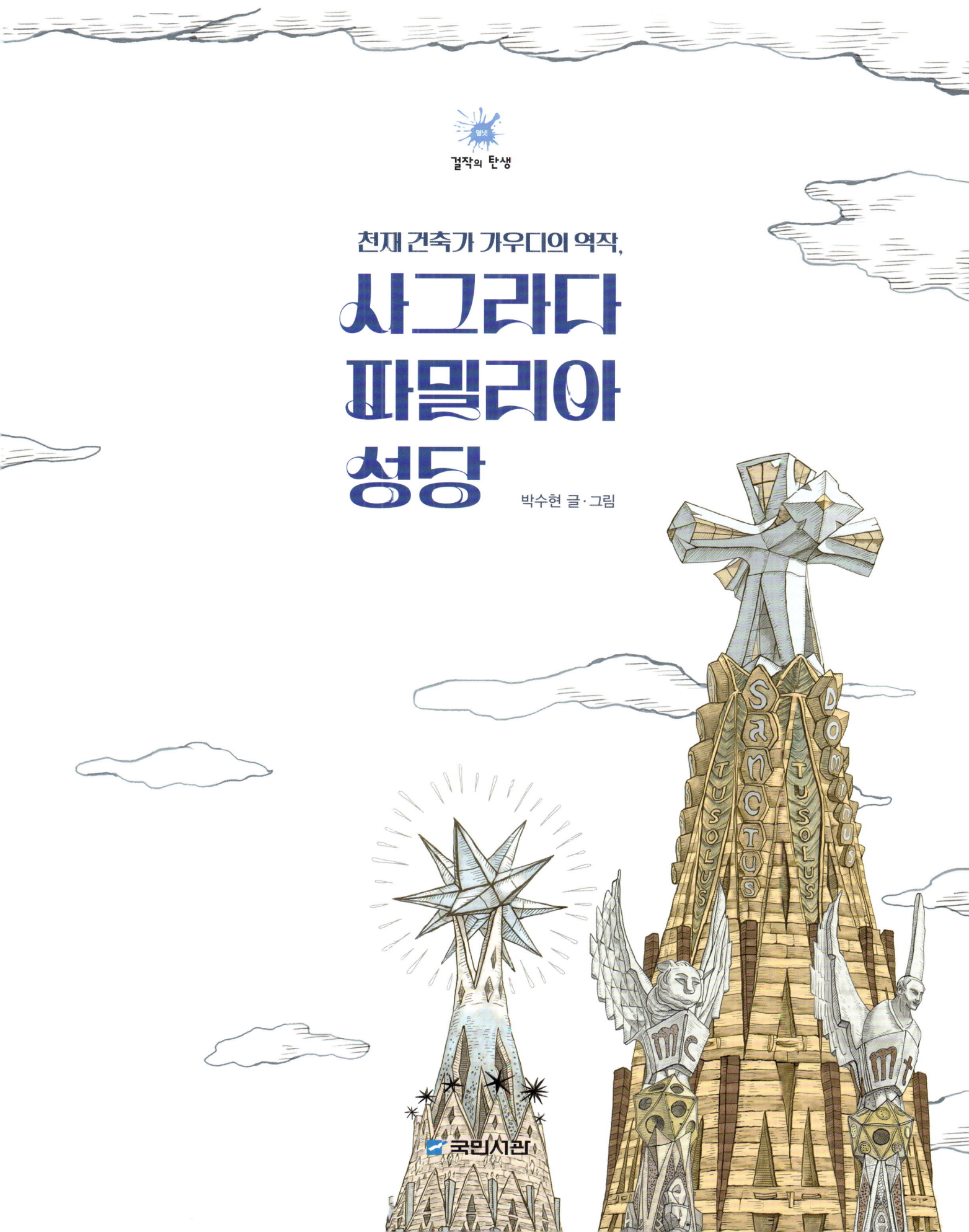

열넷
걸작의 탄생

천재 건축가 가우디의 역작,
사그라다 파밀리아 성당

박수현 글·그림

국민서관

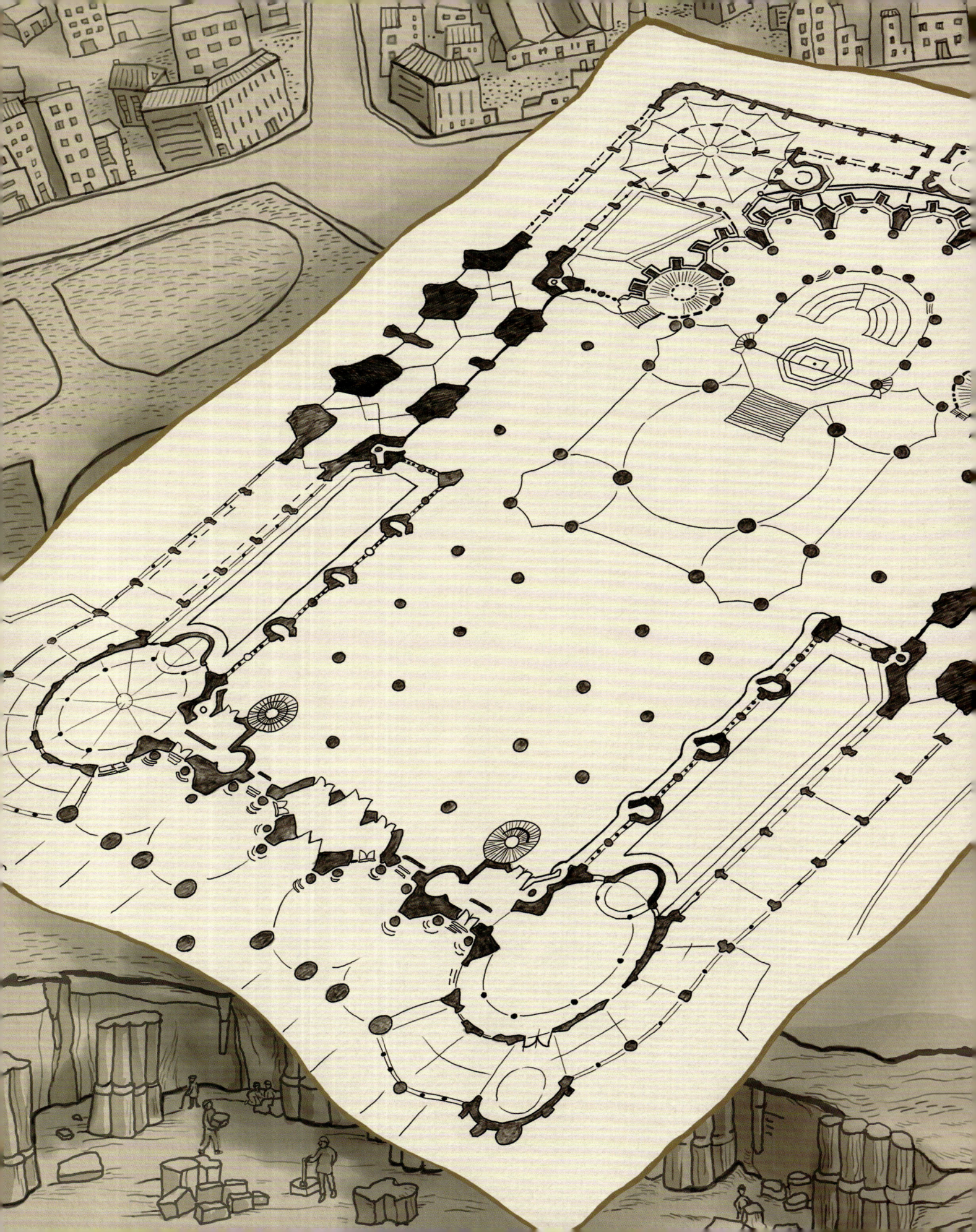

내 이름은 가우디, 천재 건축가죠.
스페인 바르셀로나에서 어마어마한 성당 건축을 맡았어요.
신도들이 모금한 돈으로 만드는데 허투루 해선 안 되겠지요.
치밀하게 계획해서 완벽한 성당을 만들 거예요.
성당 하나 짓는 데 얼마나 걸릴까요?
10년? 30년?
신은 서두르지 않는다고 말씀하셨지요.
생각보다 오래 걸릴 수 있으니 인내심을 갖고 지켜봐 주세요.

사그라다 파밀리아 성당은 성경에 나오는 예수님, 마리아, 요셉의 가정을 의미한답니다.
이들이 이루는 성가정은 모든 가정의 모범이 되지요.
사그라다 파밀리아 성당은 열심히 일하는 노동자와 그 가족이 모여 기도하는 성스러운 성당이 될 거예요.
나는 이 성당을 짓는 데 인생을 바치기로 결심했어요.

그리고 각 입구에 종탑을 네 개씩 세워 예수님의 열두 제자를 표현할 거랍니다. 열두 제자처럼 누구나 하느님께 기도하고 성가정의 사랑을 본받을 수 있도록 말이에요.

입구를 꾸미는 조각들은 성경 속 인물과 가장 비슷한 사람을 동네에서 찾아 새길 거예요.
마리아는 하느님의 뜻으로 아이를 갖게 된 것을 기쁜 마음으로 받아들였어요.
이처럼 예상치 못한 일도 믿음으로 극복하는 신실한 사람을 찾아 자세히 관찰하고
표정과 삶을 조각에 담을 거예요. 성당에서 사람들이 자신의 삶을 비추어 볼 테니까요.

해가 뜨는 동쪽에는 탄생의 문을 세울 생각이에요.
천사 가브리엘이 마리아에게 예수님을 잉태한 사실을 전하고,
요셉은 기꺼이 예수님의 아버지가 되는 장면을 담는 거예요.

아기 예수님의 탄생을 축복하는 이야기가 온 세상에 퍼질 거예요. 모든 생명체의 축하 속에서 꽃과 풀들, 강아지와 고양이 그리고 모든 동물들 사람들이 마음을 합하여 아기예수님을 찬양하라.

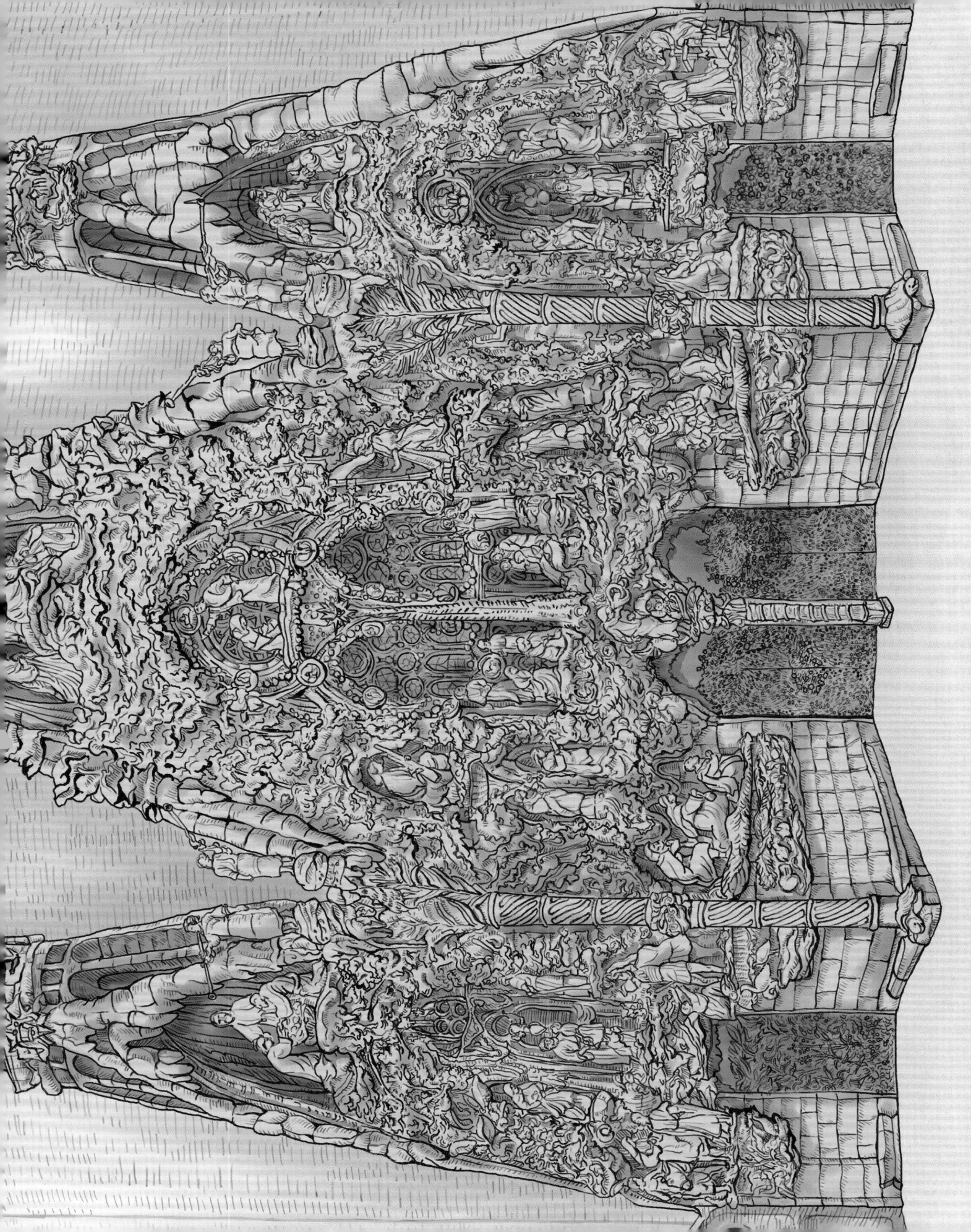

예수님은 서로 사랑하라는 말을 남기고
인간의 죄를 대신 짊어졌어요.
나도 예수님의 삶을 따라
사그라다 파밀리아 성당에
모든 수고를 바쳐야지요.

해가 지는 서쪽에는 죽음의 그림자가 드리울 거예요. 예수님이 십자가에 못 박히기까지 겪은 모든 수난이 서문에 아로새겨질 거예요. 우리를 위해 예수님이 행한 희생을 아무도 잊을 수 없게요.

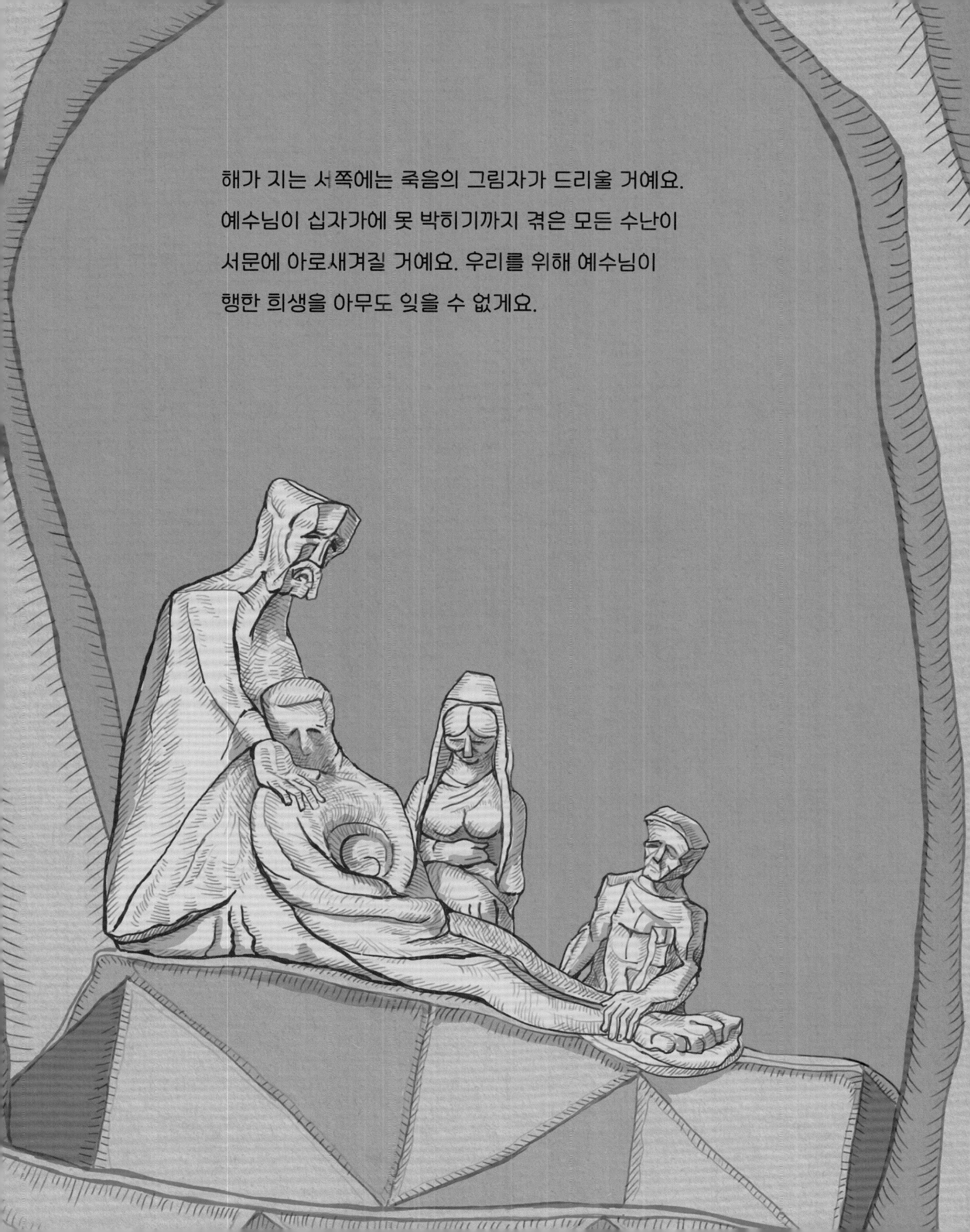

남문은 사그라다 파밀리아 성당의 정문이 될 거예요.
예수님의 부활이 세상에 찬란한 빛을 비추었으니
거대하고 환상적인 장식이 잘 어울리겠어요.
영광이 가득한 남문을 지나는 모든 사람이
고통의 짐을 벗어 버리고 행복을 맞이하기를…….

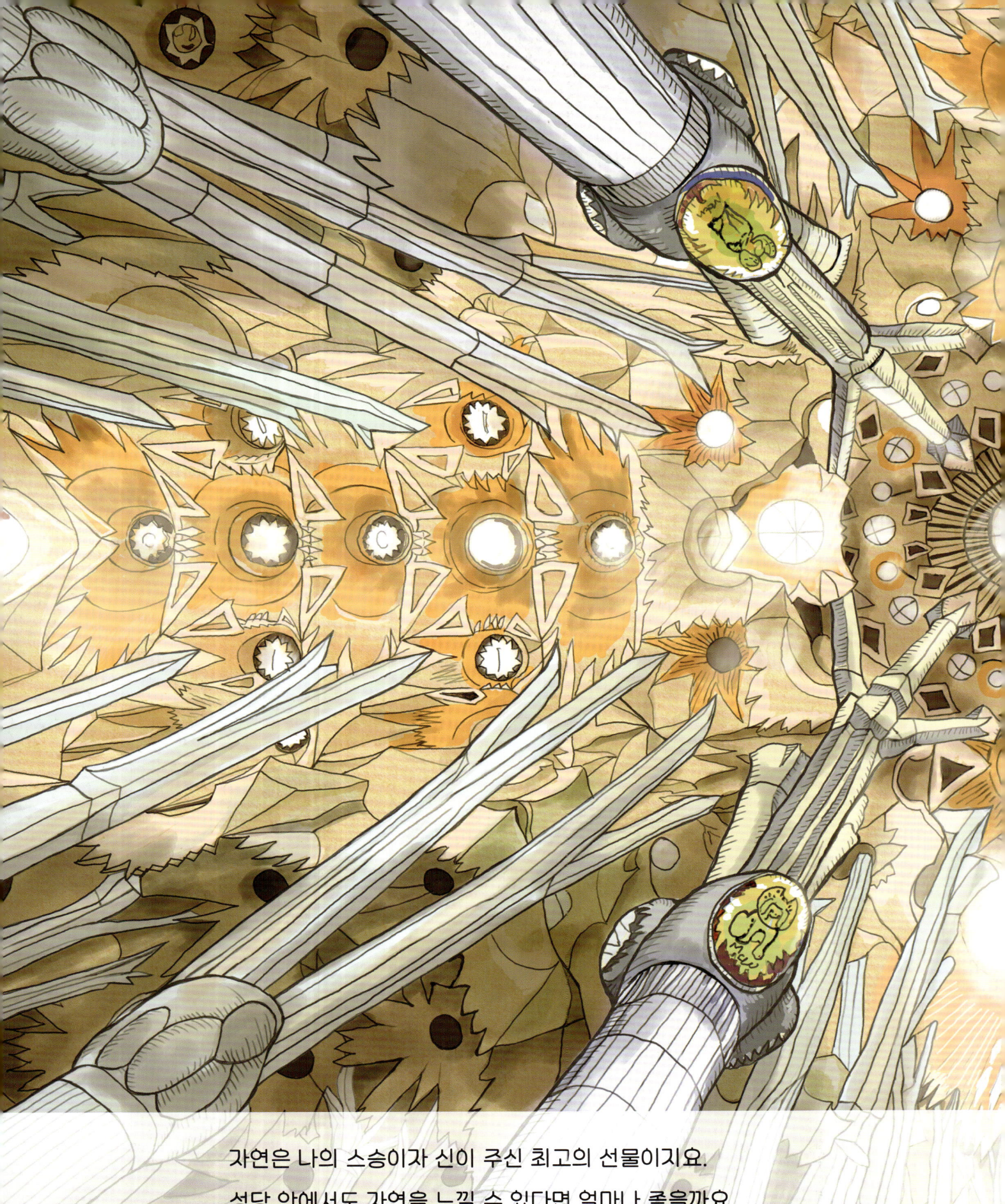

자연은 나의 스승이자 신이 주신 최고의 선물이지요.
성당 안에서도 자연을 느낄 수 있다면 얼마나 좋을까요.

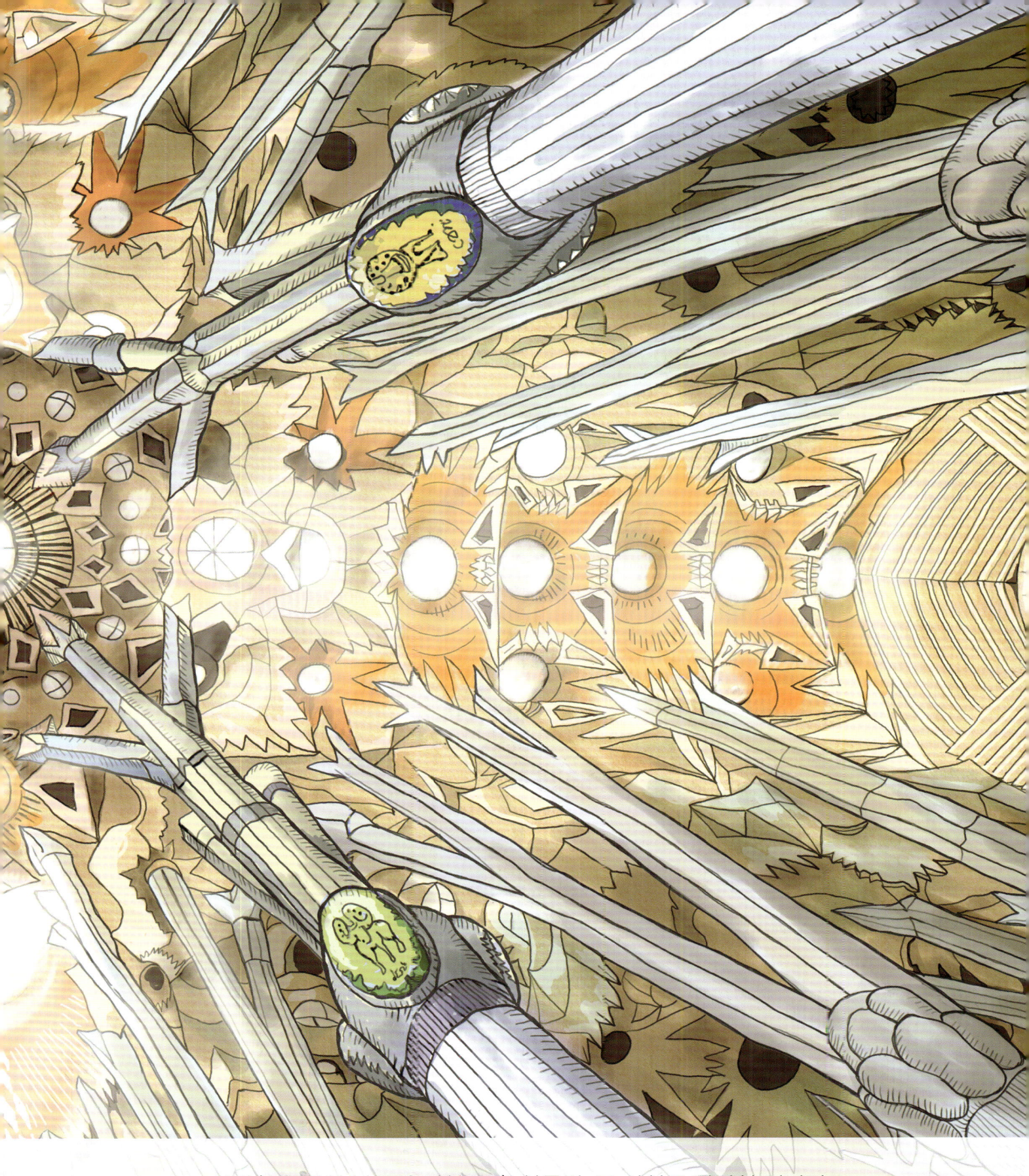

성당의 기둥이 나무가 되어 숲을 이루면, 그 사이로 바람이 지나가고 나뭇잎과 꽃이 춤을 주며 신께 감사드릴 거예요.

나무숲으로 시시각각 쏟아지는 빛을 생각하며 스테인드글라스를 어떻게 만들면 좋을지 상상했어요.

동쪽에선 희망의 파란 빛,
서쪽에선 순교의 붉은 빛.
황홀한 빛으로 성당 안을
가득 채우는 게 좋겠어요.

성당 내부는 하느님과 가까워질 수 있게
아주 높고 넓게 지을 거예요.
사람들이 하느님의 말씀을 듣고, 인간이
지은 죄를 뉘우치며 신이 내린 사랑을
이웃과 나눌 수 있도록 말이에요.

2층에는 성가대를 위한 장소를 만들면 좋겠어요.
그러면 노랫소리와 오르간 소리가 옥수수 종탑을
통해 바르셀로나 시내에 울려 퍼지겠지요?
예수님이 사랑한 열두 제자가 신을 향한 종을 울릴 거예요.

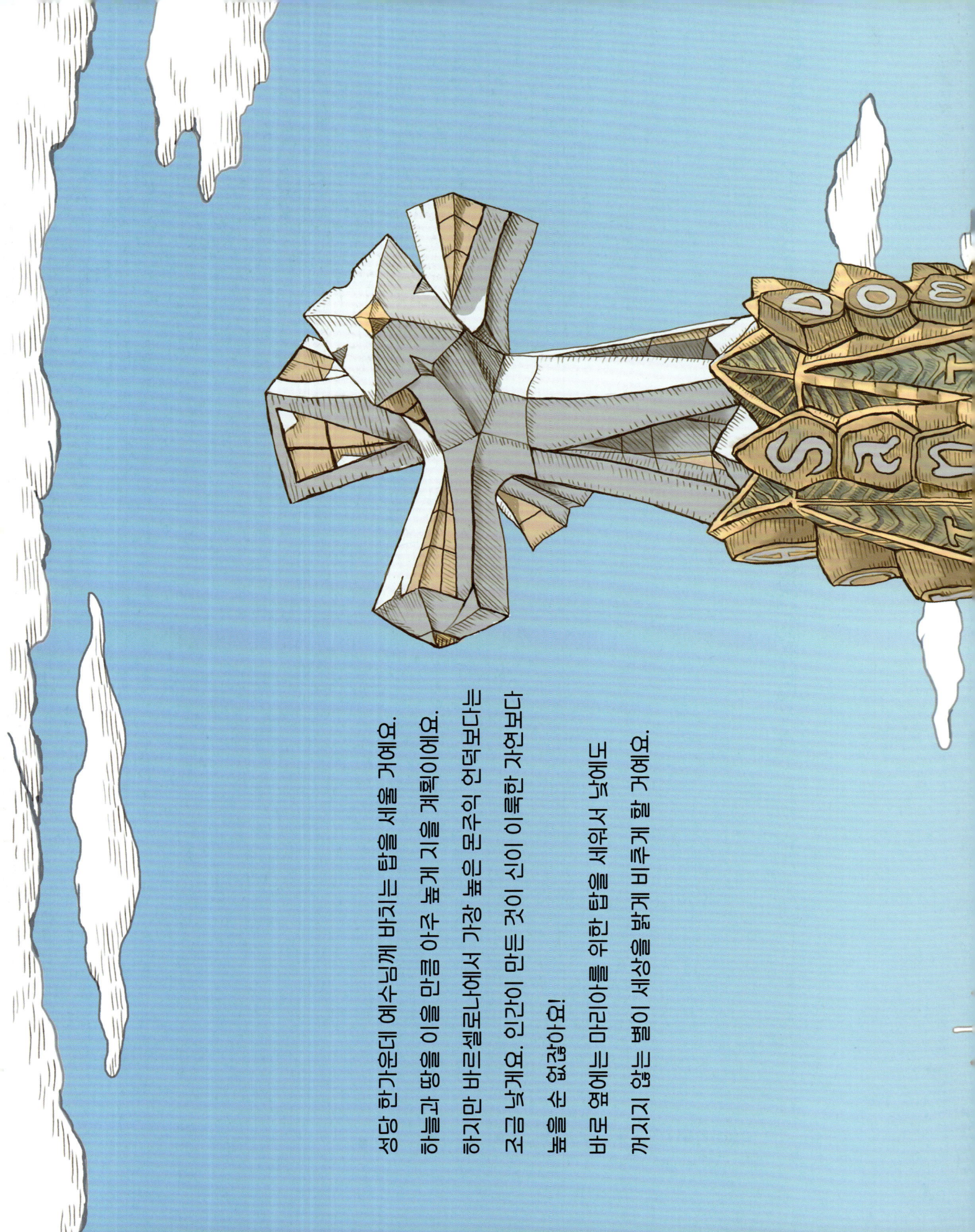

성당 한가운데 예수님께 바치는 탑을 세울 거예요.
하늘과 땅을 이을 만큼 아주 높게 지을 계획이에요.
하지만 바르셀로나에서 가장 높은 몬주익 언덕보다는
조금 낮게요. 인간이 만든 것이 신이 이룩한 자연보다
높을 순 없잖아요!
바로 옆에는 마리아를 위한 탑을 세워서 낮에도
꺼지지 않는 별이 세상을 밝게 비추게 할 거예요.

성당이 완공되면 어떤 므습일까요?
내가 정성껏 설계한 사그라다 파밀리아 성당에서
성가정의 사랑을 듬뿍 받기를 바라요.

안토니 가우디

[Antoni Gaudi, 1852. 6. 25. ~ 1962. 6. 10.]

가우디는 스페인 건축학의 아버지이자 바르셀로나를 빛낸 천재 건축가입니다. 가우디는 기존의 양식이나 관념에 얽매이지 않고 자연의 형태와 기능을 건축물에 적용하려 고민했습니다. 그 결과 인공적인 직선이 아닌 자연스러운 곡선이 흐르며 내부 장식과 색·빛이 조화를 이루는 독창적인 건축물을 설계했습니다. 마치 살아 있는 생명체처럼 꿈틀거리는 디자인에 철제 공예와 타일 모자이크가 더해져 가우디의 건축물은 예술 작품과도 같습니다. 현재 가우디의 건축물 중 7개가 유네스코 세계 문화유산으로 등재되었습니다. 사그라다 파밀리아 성당은 아직 완공되지 않았음에도 그 진가를 인정받아 세계 문화유산이 되었습니다.

나의 스승은 신이 주신 자연입니다

가우디는 어려서부터 몸이 아파 학교에 가지 못하는 날이 많았습니다. 그 덕에 집 주변의 자연을 오래 관찰하면서 자연을 영감의 원천이자 영원한 스승으로 여기게 됩니다. 가우디는 고향에서 본 바위산, 나무숲, 파도의 물결, 동물과 곤충 등 자연에서 영감을 받은 형태를 다양한 재료를 조합하여 건축물에 입혔습니다. 또, 창문으로 들어오는 빛까지 계산하여 건축의 모든 영역에서 자연을 담아내려 노력했습니다.

가우디는 자연의 아름다움뿐 아니라 구조적 본질을 건축 설계에 적용했습니다. 나무의 줄기, 인간의 뼈, 근육, 힘줄과 같은 자연 구조를 건축을 지지하는 기둥에 반영하여 견고하게 만들었습니다. 곡선으로 설계하면서 생기는 문제의 해결책은 항상 자연 속에 있다고 여겼기 때문입니다. 그렇게 그는 자연을 투영한, 지금까지 없었던 자신만의 작품들을 만들어 냈습니다. 자연을 닮아 주변 환경과 어울리는 건축물, 인간을 닮아 인간이 편히 살 수 있는 건축물을 짓는 것이야말로 가우디의 꿈이었습니다.

나무의 줄기와 가지를 본뜬 기둥

달팽이 껍데기를 닮은 나선형 계단

사그라다 파밀리아 성당

성당의 설계도

가우디는 사그라다 파밀리아 성당을 '돌로 새긴 성경'으로 설계했습니다. 글을 읽지 못하는 서민들을 위해 구조와 조각, 장식 하나하나에 성경의 상징과 내용을 담았다고 합니다. 가우디는 성당 건립에 평생을 바쳤지만, 생전에 탄생의 문과 지하 납골당, 1개의 첨탑만 완성하였습니다.

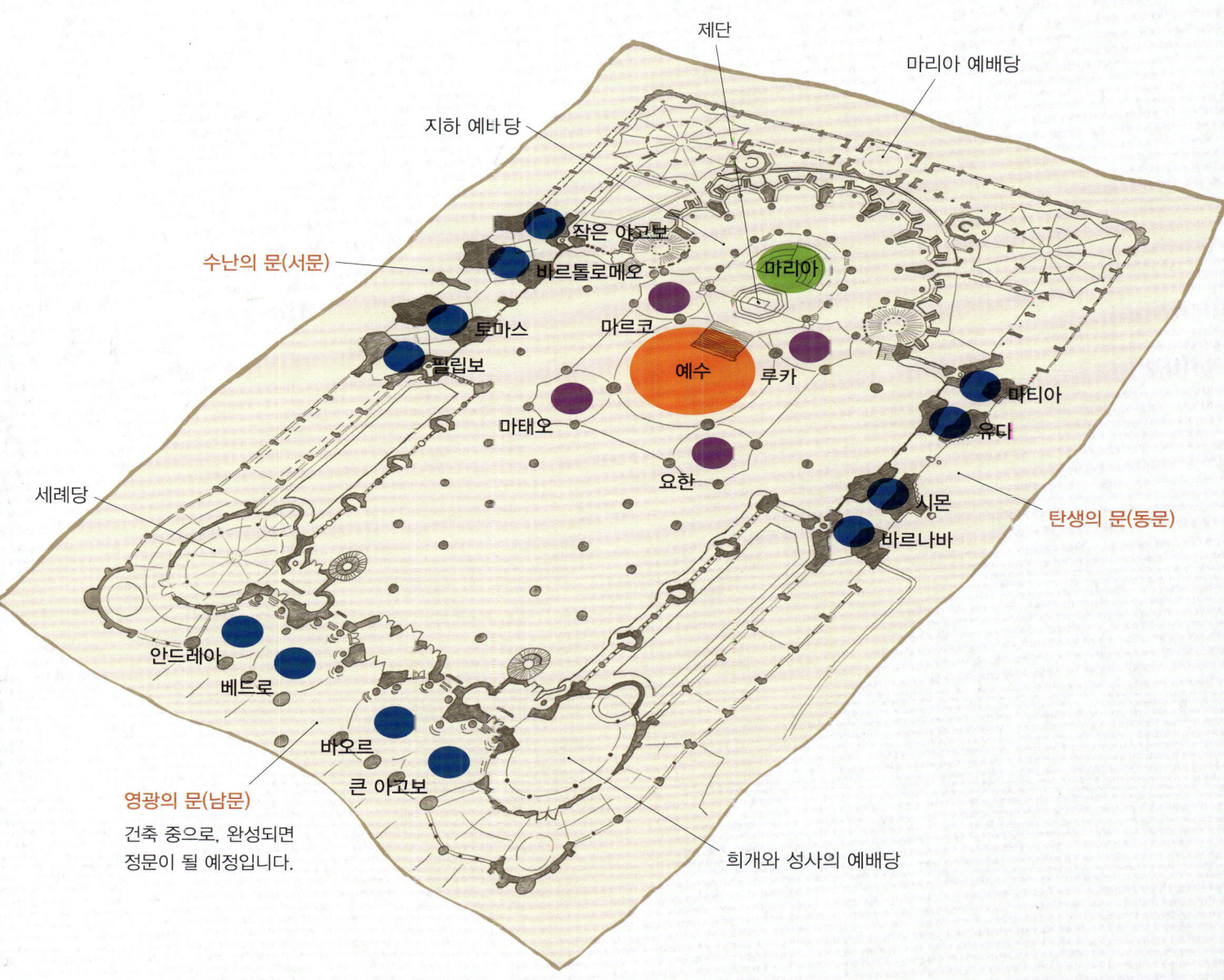

● **예수 탑**
예수를 상징하는 십자가로 장식되어 있습니다. 성당의 가운데 가장 높은 곳에 있는 탑입니다.

● **마리아 탑**
예수의 어머니 마리아를 상징합니다. 탑의 꼭대기에 있는 별 모양 때문에 '베들레헴의 별'이라 불립니다.

● **복음사가 첨탑**
예수 탑을 둘러싸고 있으며, 신약 성경 복음서를 집필한 네 명의 복음사가를 상징합니다.

● **열두 제자 종탑**
세 문에 네 개씩, 총 열두 개의 종탑이 있습니다. 이는 예수의 열두 제자를 의미합니다.

탄생의 문(동문)

예수님이 탄생하여 성스러운 가정을 이루게 된 이야기를 담고 있습니다. 탄생의 문은 다시 세 개로 나뉘며 왼쪽부터 희망, 자비, 신앙을 나타냅니다. 각각 요셉, 예수님, 마리아에게 바치는 문입니다. 가우디가 설계하고 건축까지 맡은 유일한 문으로, 정밀하고 섬세한 조각이 감탄을 자아냅니다.

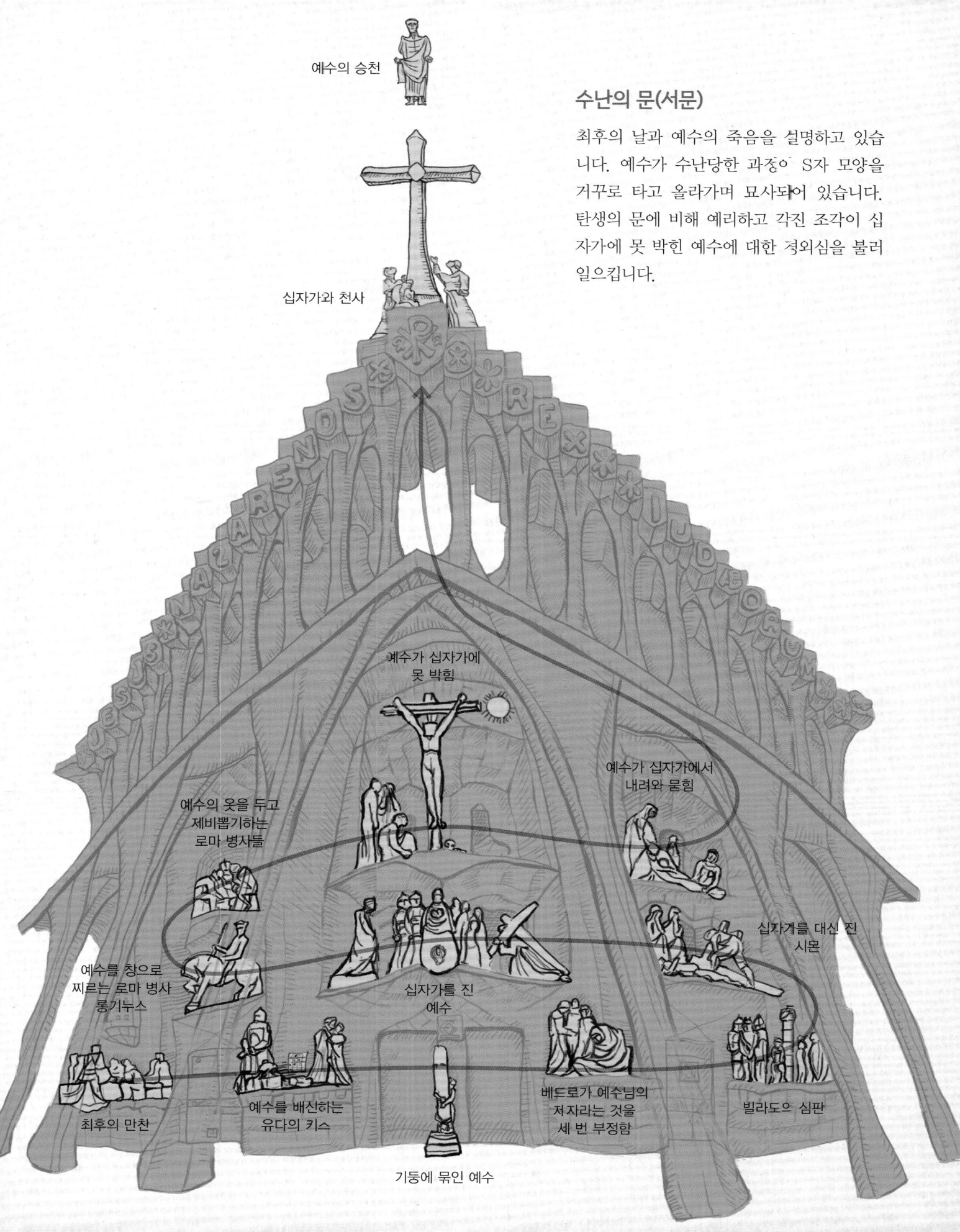

수난의 문(서문)

최후의 날과 예수의 죽음을 설명하고 있습니다. 예수가 수난당한 과정이 S자 모양을 거꾸로 타고 올라가며 묘사되어 있습니다. 탄생의 문에 비해 예리하고 각진 조각이 십자가에 못 박힌 예수에 대한 경외심을 불러일으킵니다.

가우디의 다른 건축물

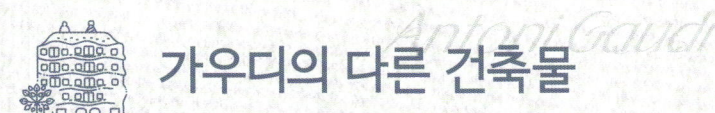

비센스의 집 (카사 비센스)
1888~1889년, 바르셀로나, 2005년 유네스코 세계 문화유산 등재

어떠한 양식도 영향받지 않은 가우디만의 조형적인 감각이 두드러지는 건축물입니다. 초록색, 하얀색의 타일과 강한 질감의 벽돌이 섞여 다채로운 색감의 향연이 이어집니다. 곳곳에 동식물 장식을 더하여 주변의 자연환경과도 잘 어우러집니다.

가우디가 '비센스의 집' 부지를 답사했을 때, 가운데 거대한 야자수가 있었다고 합니다. 영감을 받아 야자수 잎 모양으로 철제 울타리를 만들었습니다. 가우디는 언제나 건축물이 주변 환경과 조화를 이루며 자연을 닮은 건축물을 창조할 수 있을지 고민했습니다.

바트요의 집 (카사 바트요)
1904~1906년, 바르셀로나, 2005년 유네스코 세계 문화유산 등재

겉에 장식을 강조하던 가우디의 작품은 점점 거대한 조각으로 변모했습니다. '바트요의 집'은 기둥이 뼈 모양, 발코니는 해골처럼 보여서 '인체의 집'이라는 별명이 생겼습니다. 이전에 가우디는 자연을 닮은 장식을 추가했다면, 여기서부터는 단순 장식이 아니라 기능이 있는 구조적 요소로 구성했습니다. 벽면은 용의 비늘 같기도, 파도의 물결 같기도 한 여러 빛깔의 모자이크가 하루 종일 햇빛에 따라 색깔이 변합니다. 커다란 창문은 햇빛이 내부로도 충분히 들어오게 했습니다.

밀라의 집 (카사 밀라)
1906~1912년, 바르셀로나, 1984년 유네스코 세계 문화유산 등재

'인간의 건축은 직선이지만 신의 건축은 곡선'이라고 항상 주장했던 가우디의 생각이 건축에서도 구현되었습니다. 자연과 곡선을 사랑했던 가우디는 '밀라의 집'을 '산'이라는 주제로 입체적으로 설계했습니다. 부드러운 곡선으로 건축물의 외관과 내부를 구조화하여 환상적인 분위기를 냈습니다. 건축물의 뼈대 없이 돌들끼리 스스로 지지하는 형태로 건설하여 내부에 햇빛이 충분히 들 수 있게 하였습니다. 당시에는 상상할 수 없던 지하 주차장과 엘리베이터를 설치하여, 디자인뿐 아니라 실용적인 면에서도 혁신적이라는 평가를 받습니다.

구엘 저택
1886~1888년, 바르셀로나, 1984년 유네스코 세계 문학유산 등재

에우세비 구엘은 가우디 인생 최대의 후원자이자 영원한 친구로 인연을 맺습니다. 가우디는 구엘을 만나 건축가로서의 크게 성장할 수 있었습니다. 구엘은 처음으로 가우디에게 가족과 함께 살 저택을 의뢰합니다. 구엘 저택의 외관은 단순하지만, 유연한 곡선의 출입문과 화려한 철제 장식이 돋보입니다. 가우디는 구리 세공인이었던 아버지의 영향을 받아 딱딱하고 차가운 철제를 섬세한 작품으로 담들어 냈습니다.

 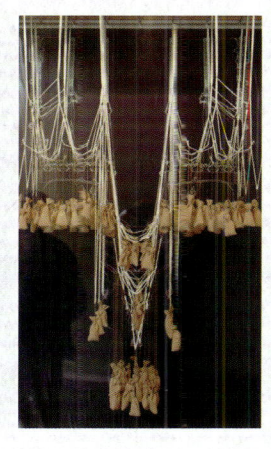

콜로니아 구엘 성당
1898~1917년, 산타콜로마 데세르베요, 2005년 유네스코 세계 문화유산 등재

사선으로 서 있는 기둥이 인상적입니다. 가우디는 콜로니아 구엘 성당을 건축하기 전에 곡선 기둥으로도 안정적으로 지탱할 수 있는 형태를 찾았습니다. 지붕에 구멍을 뚫어 끈을 연결하고 실 끝에 추를 매달아 중력으로 추가 자연스럽게 늘어지는 모양을 보고 건축물을 설계한 것입니다. 이렇게 얻은 건축의 구조는 아름다운 자연적인 형태를 띠고 있으면서도 정확하고 견고합니다. 이 건축 양식은 사그라다 파밀리아 성당 서문과 내부에서도 볼 수 있습니다.

구엘 공원
1900~1914년, 바르셀로나, 1984년 유네스코 세계 문화유산 등재

구엘 공원은 마치 환상 속 세계에 온 것 같은 느낌을 불러일으킵니다. 가우디 건축의 진수를 볼 수 있는 곳이라 평가받습니다. 곡선을 위주로 한 건축물들은 모두 이곳에서 나온 돌로 만들어졌고, 다양한 색채의 타일 조각이 화려하게 장식된 기다란 의자가 눈길을 끕니다. 입구를 지나면 구불구불한 계단 위에, 동물을 건축에 적극적으로 활용한 가우디의 작품 중 가장 유명한 도마뱀 조각이 있습니다.